# La familia de Federico Rico

## Craig Klein Dexemple

# www.spanishcuentos.com

**Note from the Author:** Thank you for picking up a copy of my book. I hope you will enjoy reading and learning from it. As a comprehensible input and storytelling Spanish teacher, it brings me great joy to share my classroom stories with you. If you need to reach me, don't hesitate to email me at profeklein@spanishcuentos.com

Book designed by Craig Klein Dexemple. Illustrations and cover adaptations by Iván Izquierdo, and Karen Arévalo.

www.spanishcuentos.com
All rights reserved.
ISBN: 978-0-9912038-5-7

# Contenido:

| | |
|---|---|
| La familia | 1 |
| La competencia de fútbol | 7 |
| El martes 13 | 15 |
| El chupacabra | 29 |
| No quiere un pez | 35 |
| La fiesta de cumpleaños | 41 |
| Dali | 47 |
| El criminal | 53 |
| El hospital | 63 |
| Dias después | 69 |
| El dia de los muertos | 75 |
| Un mes después | 81 |
| Siempre unidos | 89 |
| | |
| Vocabulario | 93 |

Hijo mío: Sé que
crecerás y que estos
cuentos algún
día dejarán de
interesarte,
pero los
escribí contigo
a mi lado
y fuiste el
primero en conocerlos.
Lo importante para mí
y lo que más
me causó alegría,
fue verte reír
mientras ojeabas
las páginas del
libro y contabas
los cuentos,
de principio
a fin, con apenas
3 añitos de vida.

# La familia

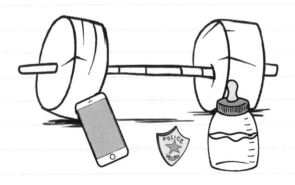

La familia de Federico es una familia inmigrante. Es una familia normal. La familia Rico reside en Nueva York, Estados Unidos.

La mamá de Federico es una policía y siempre busca y captura a criminales peligrosos.

¿Dónde está tu casco?

Mi cabeza es muy grande para un casco

**Siempre** - Always
**Peligrosos** - Dangerous
**Casco** - Helmet

El papá de Federico es un doctor.
El papá de Federico siempre tiene
pacientes muy interesantes.

La hermana de Federico siempre **habla** por teléfono y el hermano bebé siempre **huele mal** y causa muchos problemas.

La abuela de Federico es muy atlética, fuerte y rápida. La abuela siempre **gana.**

El abuelo de Federico está muerto.

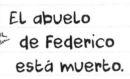

🐚 **Habla** - S/he speaks
🐚 **Huele mal** - Smells bad
🐚 **Gana** - S/he wins

# La competencia de fútbol

 El lunes Federico está nervioso porque tiene una competencia de fútbol en la escuela.

Federico está nervioso porque hay un muchacho nuevo en la escuela.

El muchacho nuevo se llama

 Pedro Toro siempre causa problemas y es un muchacho muy grande,  fuerte y cruel.

Fuerte - Strong

Los amigos de Pedro Toro son muy grandes, fuertes y crueles.

Federico no está contento pero, de repente, una voz dice:

¡No hay problema!

Federico está sorprendido.

De repente - Suddenly

¡Ay caray! Es la abuela de Federico.
La abuela <u>quiere jugar</u>
fútbol. La abuela quiere ganar.
Pedro Toro y los amigos se ríen.

Pedro Toro
violentamente
roba la pelota,

pero de repente,
<u>se choca</u> con la
abuela.
La abuela roba la
pelota y Pedro
Toro se cae.

**Quiere jugar** - S/he wants to play
**Se choca** - S/he crashes into

||

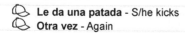

La abuela roba la pelota otra vez y le da una patada...

# ¡Goooooool!

¡Ay caray! La pelota <u>rompe la red.</u>

¡Federico y sus amigos ganan la competencia, gracias a la abuela! Federico y sus amigos ganan porque la abuela es muy fuerte, rápida y atlética. Federico y sus amigos se ríen y están contentos.

**Rompe la red** - Rips the net

Pedro Toro y sus amigos pierden y lloran.

Pedro Toro y sus amigos pierden. ¡Qué sorpresa! Pierden porque la abuela es muy fuerte, rápida y atlética.

La abuela le da un beso a Federico y Federico no está contento.

👒 **Pierden** - They lose

martes
13

# EL

# martes 13

¡Qué mala suerte! El papá y la mamá de Federico salen y van a una fiesta.

Federico no está contento. Federico está frustrado. Federico no quiere cuidar al bebé. El bebé siempre causa problemas. El bebé causa muchos problemas.

¡Ay caray! El bebé hace pipi en la cabeza de Federico. ¡Qué asco! El bebé causa muchos problemas y a Federico no le gusta cuidar al bebé.

¡Qué mala suerte! - How unlucky!
Cuida - S/he takes care of
No quiere - S/he doesn't want

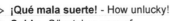

17

¡Ay no!
El bebé escribe
en el sofá...

rompe la planta
favorita de papá

y pone un insecto
en la leche de
Federico.

¡El bebé causa
muchos problemas!

A Federico no le
gusta cuidar al bebé.

¡Federico está furioso!

Federico <u>busca</u> al bebé. Federico busca y busca, pero no ve al bebé.

¡Ay no! El bebé roba el carro de papá. ¡Federico está nervioso!

Busca - S/he looks for

Federico persigue al bebé con su bicicleta. Federico persigue al bebé, pero el carro es muy rápido.

¡Qué mala suerte! El carro se choca. El bebé se ríe pero el carro es un desastre y Federico no está contento.

¡No me gusta cuidar al bebé!

¡El bebé causa muchos problemas!

**Persigue** - S/he chases

De repente, Federico ve a un mecánico.

¡Necesito ayuda!

El mecánico decide reparar el carro y dice:

Necesito dos horas para reparar el carro.

Necesito ayuda - I need help

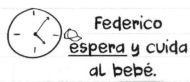

Federico <u>espera</u> y cuida al bebé.

¡Qué mala suerte! Federico espera mucho. Federico espera por dos horas.

El bebé quiere tomar leche, pero Federico no tiene leche. De repente, el bebé <u>se toma</u> el agua de las flores.
¡Qué asco!

Entra al baño de las mujeres. ¡Ay no!
El bebé causa muchos problemas. ¡A Federico no le gusta cuidar al bebé!

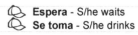

**Espera** - S/he waits
**Se toma** - S/he drinks

22

Federico busca al bebé. ¡Qué vergüenza! Federico no está contento.

Federico entra al baño de las mujeres y ve al bebé.

Federico agarra al bebé pero... ¡Qué mala suerte! Una señora ve a Federico y no está contenta.

...eh... disculpe señora...eh...

 ¡Qué vergüenza¡ - How embarrassing!
 Disculpe - I'm sorry

23

La señora le da una patada a Federico.

Federico ve estrellas y escucha la voz del mecánico:

$200 dólares por favor.

Federico ve el carro. ¡Horrible! El carro es un desastre y Federico está nervioso. ¡Qué mala suerte!

Federico busca dinero,
pero no tiene dinero.
El mecánico no está
contento.
¡Qué problema!

Picasso, a famous
Spanish painter,
produced a large
number of works
centered on the
deformation and
distortion
of figures.

Federico corre a casa
y rompe el cerdito,

pero de repente escucha la voz
del papá y la mamá:

¡Hola Federico!

¿Dónde estás?

¿Cuidaste al bebé?

Eh...

¿**Cuidaste al bebé?** - Did you take care of the baby?

In Spanish-speaking countries, instead of Friday, Tuesday the 13th (martes trece) is considered a day of bad luck

miércoles 14

# EL

# chupacabra

Javi es un amigo de Federico. Javi tiene _mascotas_ muy interesantes y exóticas.

Javi tiene una araña _peligrosa_  y tiene una serpiente grande y peligrosa. Federico no tiene mascotas. Federico quiere una mascota, pero no quiere una mascota normal.

Una mascota normal es muy _aburrida._

Federico quiere una mascota peligrosa.

Federico quiere una serpiente peligrosa

y quiere una araña peligrosa.

 **Mascotas** - Pets
**Peligrosa** - Dangerous
**Aburrida** - Boring

El papá y la mamá dicen:

No Federico, una araña es peligrosa.

No Federico, una serpiente es peligrosa.

Federico está frustrado y no está contento.

Federico tiene una idea y dice:

¡Quiero un Chupacabra!

Federico, el Chupacabra no es real.

The Chupacabra, or goat-sucker, is a legendary creature of the Spanish speaking world that supposedly attacks and drinks the blood of livestock.

De repente, la voz de la abuela dice:

Un pez es la mascota perfecta.

...pero Federico no está contento.
Federico no quiere un pez. Un pez
es muy aburrido. Javi tiene mascotas
exóticas y peligrosas y Federico no
quiere una mascota normal.

# No quiere

# un pez

Federico no quiere una mascota
normal. Una mascota normal es
muy aburrida. Federico no quiere
un pez. Un pez es muy aburrido.
Federico quiere una araña, quiere una
serpiente o quiere un Chupacabra.

Una mascota normal
es muy aburrida. Un
pez es muy aburrido.

Federico va al
parque con el pez.

En el parque hay un
lago. ¡Ay caray!
Federico tira
el pez al
agua.
¡Terrible!

**Tira** - S/he throws

El pez de Federico ve un pez en el lago. El pez de Federico dice:

Hola amigo, me gusta tu pirsin.

El pez del lago no está contento y el pez de Federico está nervioso.

Delicioso

¡Ay no! El pez del lago se come el pez de Federico.

El pez del lago está muy contento.

De repente, Federico ve dos
ojos grandes. Federico está
nervioso.

# ¡Es el Chupacabra!

El acuario se cae y se
rompe.

Federico corre a casa. Está muy
nervioso. No quiere una mascota
peligrosa. No quiere una mascota
exótica. Federico quiere una
mascota normal. Federico entra en
la casa y grita:

Mamá, papá.. ¡Quiero
un perro! ¡Quiero
un gato! ¡Quiero una
mascota normal!

# La fiesta de cumpleaños

viernes 16

Es la fiesta de cumpleaños de
Federico. Hay música, juegos y
muchos niños.

Federico ve la
piñata y está
muy contento.

¡Ay no! Federico no le pega a la
piñata. Federico no ve y le pega
en la cabeza a Javi, Pepe y Carlos.
El papá grita:

¡Para!
¡Para!

¡Qué problema!
Los amigos no están contentos.

No le pega - Doesn't hit

Federico quiere muchos presentes. Federico quiere videojuegos y un pastel de chocolate enorme.

El papá le ofrece un libro. El libro se llama "Los gatos tienen 7 vidas"

In the English speaking world, cats are believed to have nine lives, but in many Spanish-speaking regions they are said to have seven lives.

44

...pero Federico no está contento...

¿Qué?

¿?

No tiene audio...

No tiene baterías...

No tiene Wifi...

pero, de repente, Federico recibe un presente enorme.

¡Es un perro! El perro tiene un bigote enorme.

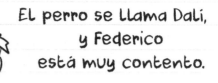

El perro se llama Dalí,
y Federico
está muy contento.

Salvador Dalí, a renowned painter from Spain, created many famous surrealist paintings during his life. However, Dalí was also known for his long, waxed moustache. It made him instantly recognizable and gave him the crazy look he was known for.

sábado
17

# Dalí

Federico y Dali
van al parque y
están contentos,

pero de repente, Dali ve un
perro. El perro persigue una
pelota.

¡Qué problema! ¡Dali escapa!

Huele
bien

Dali corre, pero ve
otro perro y le
huele la cola. La
señora no está
contenta.

¡Qué vergüenza!

Federico persigue a Dalí, pero Dalí es muy rápido.

¡Ay caray! Dalí entra al baño público,

y toma agua del inodoro. ¡Qué asco!

Dalí corre y corre y Federico está frustrado. Federico persigue a Dalí, pero Dalí es muy rápido.

Dali ve la basura y está muy contento. La basura huele mal. La basura huele horrible.

¡Qué asco! Dali come basura, pero finalmente, Federico captura a Dali.

Dali huele mal. ¡Huele horrible!

Federico va a la casa. ¡Ay no! En la casa ve a Pedro Toro. Pedro Toro es muy fuerte y atractivo y a la hermana le gustan los muchachos fuertes. Pedro Toro ve a Dalí y dice:

Dalí salta y <u>le lame</u> la cara a Pedro Toro. ¡Qué asco! Pedro Toro está furioso, pero Federico se ríe.

**Le lame** - S/he licks

domingo
18

# EL criminal

La mamá de Federico es policía.

La mamá de
Federico
siempre captura
a criminales.
peligrosos.

En la ciudad hay
un criminal muy
peligroso y tiene la
cabeza enorme.

El criminal
siempre roba
Los bancos de
la ciudad

Ciudad - City

y es muy peligroso.
La mamá de Federico
quiere capturar al
criminal.

Un día, el criminal
ve a Federico en el
parque.

¡Ay caray!
¡El criminal roba
la bicicleta de
Federico!

Federico llama
por teléfono a
la policía.

La policía llega.
Federico llora y dice:

El criminal tiene una enorme
cabeza.

De repente,
la mamá de
Federico ve
al criminal. El
criminal corre
rápido

**Llega** - S/he arrives

57

y los policías persiguen al criminal.

🐚 ¡Ay caray! La
🐚 <u>ropa interior</u>
del criminal
🐚 <u>se enreda</u> y se
rompe.

La policía ve la ropa interior, pero hay
un problema. El perro de la policía
no quiere buscar al criminal.
El perro no quiere buscar
porque la ropa interior
huele muy
mal.

🐚 **Ropa interior** - Underwear
🐚 **Se enreda** - Gets tangled

Finalmente la mamá de Federico captura al criminal.

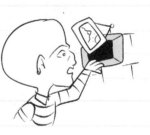

El criminal va a prisión y no está contento,

pero en la noche, el criminal ve una ventana secreta y quiere escapar.

¡Qué problema! El criminal no puede escapar porque tiene la cabeza muy grande y la ventana es muy pequeña. El criminal no puede escapar y está frustrado.

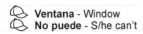
**Ventana** - Window
**No puede** - S/he can't

59

El criminal
tiene una idea.

En la noche <u>se quita</u> la cabeza y
pone la cabeza en la cama.
¡Qué inteligente!

El criminal escapa en silencio.

Se quita - S/he takes of

El guardia piensa que  el criminal duerme porque ve la cabeza en la cama. El guardia piensa que es una noche normal...

...pero no es una noche normal...

El criminal corre rápido pero hay un problema enorme. ¡El criminal no ve porque no tiene cabeza!

RÁPIDO

Piensa que - S/he thinks that

El criminal no ve un carro y... ¡Ay no!
¡Un accidente!
El carro se choca con el criminal.

La ambulancia llega y el
criminal va al hospital.

# EL

# hospital

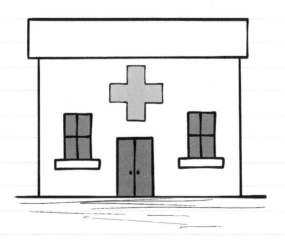

En el hospital <u>trabaja</u> el papá de
Federico. El papá de Federico trabaja
en el hospital porque es un doctor.
El papá de Federico tiene pacientes
muy interesantes.

**Trabaja** - S/he Works

During soccer matches, it is common to see players exaggerating the amount of pain, in an attempt to trick the referee into believing that a foul has been committed.

La ambulancia llega al hospital.
El papá de Federico ve al
paciente y dice:

¿Qué? ¡El paciente
no tiene cabeza!

El papá de Federico
es un doctor muy
inteligente y tiene
una idea.

El papá de Federico
va al refrigerador.
En el refrigerador
hay muchas
cabezas.

El papá de Federico
le pone una cabeza
de hipopótamo
al paciente,

...pero el
criminal no
está contento
porque no quiere
una cabeza de
hipopótamo.

noviembre
1

# Días

# después

Un día en la casa hay música Rock
and Roll con mucho volumen.
ⓐ ¡Qué ruido! La mamá piensa que es la
hermana de Federico. La mamá dice:

¡Para! ¡Para! ¡Es mucho volumen!

...pero no es
la hermana de
Federico.
¡Es la abuela!
A la abuela de
Federico le gusta
mucho la música
Rock and Roll.

ⓐ **¡Qué ruido!** - How noisy!

Hay música Rock and Roll con
mucho volumen. El bebé llora y
Federico juega videojuegos.
¡Qué ruido!

El papá no puede leer
y no está contento. La
mamá no puede leer y
no está contenta.

El papá está frustrado y dice:

Federico, es un
día precioso.
¡Juega afuera!

...pero
Federico no
escucha.

Juega afuera - Play outside

...pero Federico no escucha.

El papá y la mamá están frustrados y gritan simultáneamente:

Finalmente Federico escucha y
juega afuera, pero el papá y la
mamá no están contentos.

La mamá y el papá están
frustrados y muy cansados.

noviembre
2

# El día de los muertos

En el día de los muertos la familia
de Federico va al cementerio.

El abuelo de
Federico está muerto
y la familia decora
la tumba y <u>canta</u>
la música favorita
del abuelo.

De colores... 𝄞

During the Day of the
Dead, people honor
those who have passed
by inviting them to
return and reunite with
family and friends. It is
a happy celebration.
Families set up altars
and decorate graves
with flowers, candles,
foods, and much more.

**Canta** - S/he sings

En la casa la familia prepara un
altar para el abuelo. La
familia decora el
altar con flores,
velas, comida
y la guitarra
del abuelo.

Durante la siesta la familia duerme.
El papá y la mamá duermen. La
abuela duerme, la hermana duerme y
Federico duerme.

El abuelo llega. El abuelo está
muerto pero llega con tres amigos.
Los amigos están muertos.
Los muertos están contentos, comen
y bailan

Velas - Candles
Comida - Food

...pero, de repente, Dali llega y
roba la pierna del abuelo y corre.
¡Qué problema!

No son esqueletos reales.
¡Son fantasmas!
Dali no está contento.

diciembre
3

# Un mes después

No hay escuela porque
<u>está nevando.</u> ¡Sí!
Federico está
contento.

Federico <u>se pone</u>
la ropa para
la nieve. Está
nevando y hace
mucho frío.

Federico sale y
<u>hace</u> un muñeco
de nieve.

**Está nevando** - It's snowing
**Se pone** - S/he puts on
**Hace** - S/he makes

¡Ay no! Pedro Toro llega y ve el muñeco de nieve. Pedro Toro dice:

¡Tu muñeco de nieve es horrible!

Federico no está contento.

Pedro Toro hace un muñeco de nieve muy grande y fuerte,

pero, de repente,
Dali llega y...

¡Ay caray! Dali hace
pipi en el muñeco
de Pedro Toro.

El muñeco de Pedro Toro se
cae. Federico se ríe y Pedro
Toro está furioso.

Pedro Toro
agarra a Federico.
Federico está
nervioso...

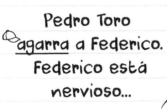

**Agarra** - S/he grabs

pero, de
repente,
llega un
luchador
muy
grande y
fuerte.

Mexican wrestlers are known for their colorful masks. The masks of the luchadores are iconic symbols of Mexican culture.

Pedro Toro
está nervioso
y corre.

86

¿Qué? ¡No es un luchador real!

¡Es la abuela de Federico!

Federico se ríe y está muy contento.

# Siempre
# Unidos

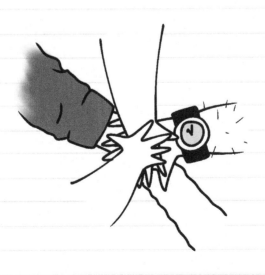

La familia de Federico es normal, pero un poco loca.

Ocasionalmente lloran y no están contentos,

tienen problemas y conflictos,

pero siempre están unidos porque la
familia es muy importante.

# ¡MUY IMPORTANTE!

# Vocabulario

¡**Ay caray!** Oh no!

¡**Ay no!** Oh no!

¡**Qué asco!** How disgusting!

¡**Qué inteligente!** How intelligent!

¡**Qué mala suerte!** How unlucky!

¡**Qué miedo!** How scary!

¡**Qué problema!** What a problem!

¡**Qué ruido!** How noisy!

¡**Qué vergüenza¡** How embarrassing!

¡**Sí!** Yes

¿**Dónde está?** Where is?

¿**Qué?** What?

**Abre** S/he opens

**Abuela** Grandmother

**Abuelo** Grandfather

**Aburrido** Boring

**Accidente** Accident

**Acuario** Aquarium

**Adiós** Goodbye

**Afuera** Outside

**Agarra** S/he grabs

**Agua** Water

**Altar** Altar

**Ambulancia** Ambulance

**Amigo/s** Friend/s

**Araña** Spider

**Atlética** Athletic

**Atractivo** Attractive

**Audio** Audio

**Ayuda** S/he helps/Help

**Bailan** They dance

**Bancos** Banks

**Baño** Bathroom

**Basura** Garbage

**Baterías** Batteries

**Bebé** Baby

**Beso/s** Kiss/Kisses

**Bicicleta** Bicycles

**Bigote** Mustache

**Busca** S/he looks for

**Buscar** To look for

**Cabeza** Head

**Café** Coffee

**Cama** Bed

**Cansado** S/he is tired

**Canta** S/he sings

**Captura** S/he captures

**Carro** Car

**Casa** House

**Casco** Helmet

**Causa** S/he causes

**Cementerio** Cemetery

**Cerdito** Piggy

**Chocolate** Chocolate

**Chupacabra** Name of a legendary creature

**Ciudad** City

**Cola** Tail

**Colores** Colors

**Come/n** S/he eats/They eat

**Comida** Food

**Competencia** Competition

**Con** With

**Conflictos** Conflicts

**Corre** S/he runs

**Criminal/es** Criminal/Criminals

**Cruel** Cruel

**Cuida** S/he takes care of

**Cuidar** To take care of

**De** From

**De repente** Suddenly

**Decide** S/he decides

**Decora** S/he decorates

**Delicioso** Delicious

**Desastre** Disaster

**Día** Day

**Día de los muertos** Day of the dead

**Dice/n** S/he says/They say

**Dinero** Money

**Disculpe** I'm sorry

**Doctor** Doctor

**Dólares** Dollars

**Dos** Two

**Duerme** S/he sleeps

**Durante** During

**El** The

**En** In/on

**Encuentra** S/he finds

**Enorme** Enormous

**Entra** S/he enters

**Es** Is

**Escapa** S/he escapes

**Escribe** S/he writes

**Escucha** S/he hears

**Escuela** School

**Espera** S/he waits

**Está frustrado** S/he is frustrated

**Está furioso** S/he is furious

**Está muerto** S/he is dead

**Está nervioso** S/he is nervous

**Está nevando** It's snowing

**Está sorprendido** S/he is surprised

**Está sucio** S/he is dirty

**Estados Unidos** United States

**Está/n** S/he is/They are

**Estrellas** Stars

**Exóticas** Exotic

**Familia** Family

**Favorita** Favorite

**Fiesta** Party

**Finalmente** Finally

**Flores** Flowers

**Fuerte** Strong

**Fútbol** Soccer

**Gana/n** S/he wins/They win

**Gatos** Cats

**Gracias** Thank you

**Grande** Big

**Grita/n** S/he screams/They scream

**Guardia** Guard

**Guitarra** Guitar

**Habla** S/he speaks

**Hace pipí** S/he pees

**Hace** S/he does/makes

**Hay** There is/there are

**Hermana** Sister

**Hermano** Brother

**Hipopótamo** Hippopotamus

Hola Hi

Horas Hours

Hospital Hospital

Huele Smells

Importante Important

Inodoro Toilet

Insecto Insect

Interesante Interesting

Juega S/he plays

Jugar To play

La The

Lago Lake

Lame S/he licks

Le da S/he gives

Le da una patada S/he kicks

Le pega S/he hits

Le pone S/he puts

Leche Milk

Leer To read

Libro Book

Llama por teléfono Call on the phone

Llega S/he arrives

Llora S/he cries

Loca Crazy

Luchador Wrestler

Lunes Monday

Mamá Mom

Martes Tuesday

Mascotas Pets

Me gusta I like

Mecánico Mechanic

Mi My

Muchacho Boy

Mucho/a/os Many

Muertos Dead

Mujeres Women

Muñeco de nieve Snowman

Música Music

Muy Very

Necesito I need

Nieve Snow

No está contento/a S/he is not happy

No hay problema No problem

No le gusta S/he doesn't like

No más No more

No No

No puede S/he can't

No quiere S/he doesn't want

Noche Night

Normal Normal

Nueva York New York

Nuevo New

Ocasionalmente Occasionally

Ojos Eyes

Otra vez Again

Otro Another

Pacientes Patients

Papá Father

Para For

Parque Park

Pastel Cake

Peligrosa Dangerous

Pelota Ball

Pequeña Small

Perfecta Perfect

Pero But

Perro Dog

Persigue S/he chases

**Pez** Fish

**Piensa que** S/he thinks that

**Pierden** They lose

**Pierna** Leg

**Pirsin** Piercing

**Planta** Plant

**Policía** Police officer

**Pone** S/he puts

**Por favor** Please

**Porque** Because

**Precioso** Precious

**Prepara** S/he prepares

**Presentes** Presents

**Prisión** Prison

**Problemas** Problems

**Público** Public

**Puede** Can

**Quiere** S/he wants

**Quiero** I want

**Rápido** Fast

**Real** Real

**Recibe** S/he receives

**Refrigerador** Refrigerador

**Reparar** To repair

**Roba** S/he robs

**Rompe** S/he breaks/rips

**Ropa** Clothes

**Ropa interior** Underwear

**Sale/n** S/he leaves/They leave

**Salta** S/he jumps

**Se busca** Wanted

**Se cae** S/he falls

**Se choca** S/he crashes into

**Se enreda** Gets tangled up

**Se llama** His/her name is

**Se pone** S/he puts on

**Se quita** S/he takes of

**Se ríe/n** S/he laughs/ They laugh

**Secreta** Secrete

**Señora** Lady

**Serpiente** Snake/Serpent

**Siempre** Always

**Silencio** Silence

**Simultáneamente** Simultaneously

**Sofá** Sofa

**Son** They are

**Taza** Cup

**Teléfono** Telephone

**Tiene/n** S/he has/they have

**Tiene una idea** S/he has an idea

**Tira** S/he throws

**Toma** S/he drinks

**Trabaja** S/he works

**Tú** you

**Tu** your

**Tumba** Tomb

**Un/a** A

**Unidos** United

**Van a** They go to

**Ve** S/he sees

**Velas** Candles

**Ventana** Window

**Vidas** Lives

**Videojuegos** Video games

**Violentamente** Violently

**Vive** S/he lives

**Volumen** Volume

**Voz** Voice

**Y** And

Made in the USA
Middletown, DE
19 August 2023

36981458R00060